Elementos Esenciales de Seguridad de SAP

Por SAPCOOKBOOK.COM

Elementos Esenciales de Seguridad de SAP

Por favor visite nuestro sitio Web en
www.sapcookbook.com

ISBN 1-933804-81-5
ISBN-13 978-1-933804-81-5

Elementos Esenciales de Seguridad de SAP

Motivación

Encontré que mucho material disponible acerca de la seguridad SAP es, de la misma manera, 1) inexistente 2) demasiado general y con una naturaleza pedante 3) con ventas de materiales disfrazados. Y debido a que existe un número muy limitado de libros publicados en el área de seguridad SAP, ésta publicación fué una suma natural al crecimiento de nuestra biblioteca de referencias practicas para consultores y directores de SAP.

Este libro, Elementos Esenciales de seguridad de SAP, inicia como un listado de útiles y particulares preguntas frecuentes en el área de seguridad SAP. Es decir, esta es una lista de consejos y trucos que he utilizado en proyectos anteriormente y pienso que son muy buenos para incluirlos en un libro. Es por eso que para este libro hemos llamado a cada consejo, truco o receta como un elemento "esencial."

Espero que estos Elementos Esenciales de Seguridad SAP sean tan valiosos para usted como lo han sido para mí.

Introducción

Cada elemento esencial de seguridad tiene una pregunta (problema), y una respuesta – es bastante sencillo – pero cuando usted vea el icono del guru – es porque se refiere a información que representa un nivel elevado de conocimiento y entendimiento en un área en particular. Por lo tanto debe tener presente que para comprender mejor algún tópico, deberá leer mas allá de la primera respuesta.

 El Guru de seguridad ha hablado!

75 Elementos Esenciales de Seguridad SAP

Esencial 1: Procedimiento para nombrar Roles

Estoy tratando de establecer el mejor procedimiento para la asignación de nombres de roles. Estamos rediseñando una configuración de seguridad y nos gustaría usar "Normas de asignación de nombres de seguridad de rol generalmente aceptados." Somos una compañía global con configuración de SAP descentralizado con comportamientos dirigidos de SAP para cada región.

R: El propósito de desarrollar un estándar para dar nombre al acceso SAP es para facilitar un mantenimiento de seguridad a largo plazo, enriquecer las características de auditoria, y mejorar las revisiones periódicas de acceso. Lo siguiente es una propuesta de directrices para los estándares de asignación de nombres de roles, perfiles y autorizaciones. Nota: los estándares para la asignación de nombres de Roles complejos no están contemplados debido a que NO es recomendado su uso.

Estándares de asignación de nombres de rol: Roles 'Z' o 'Y' no son necesarios como parte de los estándares de asignación de nombres. La seguridad SAP es una información maestra, no una configuración o un objeto depositario y por consiguiente no necesita el desarrollo estándar de un espacio para el nombre. Él ':' es la designación del cliente.

Plantilla de nombre de Rol:
xxxx;yyyy_Describe_org.
Designa xxxx como la división mayor de una compañía, (ejemplo, Jones, Inc., Parts, etc.). : es la designación de la función del cliente;
yyyy es el área funcional en SAP como Cuentas por pagar (FIAP por sus siglas en ingles) o Manejo de Materiales y Mantenimiento (MGM por sus siglas en ingles).

Debajo se reseña una breve descripción del Rol, es decir, PROCESADOR_DE_FACTURAS; Organización es cualquier designación administrativa importante como una planta, punto de ventas, o una bodega.

Ejemplo: J:FIAP_PROCESADOR DE FACTURAS. El procesador de facturas para cuentas por pagar en Jones Inc.(FIAP).

Jones, Inc. es la compañía, por lo tanto no es necesario utilizar la designación de _org . Si este rol hiciera TODO o conjuntara grupos de trabajo de la compañía, entonces una designación seria necesaria.

Nota: Si usted establece la configuración para una Sesión de Administrador para clasificar los roles para desplegar, se clasificaran en orden alfabético por nombre técnico. Sus roles genéricos del sistema (Impresión, RFC, GUI , SU56, SU53, SU3,

SMX) se deberán clasificar al final; yyyy deberá ser una aplicación conjunta, o XA.

Esencial 2: Mostrar solo SM59

El texto SM59 menciona que puede ser utilizado para Mostrar/Mantener conexiones RFC, como puede usted hacer que esta acción muestre el código solamente?

R: SM59 es para Mostrar Y Cambiar. No hay una versión para mostrar solamente. Lo siento, esto no puede hacerse.

Esencial 3: Autorizaciones APO

Con respecto a las autorizaciones APO, puede usted limitarlas para que solo muestren el material principal utilizando el código de transacción /SAPAPO/MAT1?

R: Para /SAPAPO/MAT1, asegúrese que tiene solamente 03 en C_APO_PROD.

Esencial 4: Transacción /SAPAPO/SDP94

En la pantalla del libro de planeación, algunos botones se pierden cuando se utiliza la transacción /SAPAPO/SDP94. Ni los botones "Seleccione Ventana" o "Muestre Objetos Dependientes" son visibles.

R: Mantenga C_APO_FUN para tener C_SELCTION, C_SELE y C_SELORG en el campo APO_FUNC y el nombre del área de planeación en APO_PAREA para asegurar que /SAPAPO/SDP94 es totalmente funcional y visible.

Esencial 5: Comparando roles de usuario

¿Cómo compara usted los roles de dos usuarios? (Es decir, que roles le están faltando al usuario FOO para tener exactamente los mismos roles que el usuario BAR?)

R: En transacción SUIM existe un reporte para comparar usuarios/ roles y seleccionar la salida.

La mejor manera de hacer que el usuario BAR tenga el mismo rol que el usuario FOO es tener un rol con el acceso y asignarlo a cada uno ellos una vez en la transacción SU01. asegúrese que este es el único rol que tienen.

Si esto se complica demasiado, use un programa para leer en las tablas AGR_USERS para dos usuarios, y extienda la asignación de lado a lado mostrando donde esta la diferencia de la tarea del rol.

Esencial 6: Nombres de Tablas

¿Cuál es el nombre de la tabla que aloja la lista completa de actividades? (01 change, 02, 03 display, etc...)?

R: La tabla es TACT. Posibles actividades para un objeto autorizado son: TACTZ.

La lista de actividades adicionales es amplia. Vaya a la pantalla de generador de perfil/autorizaciones, escoja cualquier objeto de autorización y obtenga la pantalla de selección para actividades posibles. De clic con el botón derecho del ratón y vera "Mas valores - F7" para una lista completa de actividades.

Nota: podría no trabajar para todos los campos de "actividades". En el campo para F_REGU_BUK, por ejemplo, los valores que se mantienen están en un menú desplegable en la operación F110.

Esencial 7: Campo centro de costo en transacción SU01

¿Cuál es el propósito del campo centro de costos en el registro de usuario principal en SU01?

R: Es comúnmente utilizado para asignar el costo del uso del sistema en centros de costo. Algún uso es para reportes internos. Es accesible en algunos de los reportes ALV en SUIM.

Esencial 8: Planificación de reportes de seguridad

¿Existen reportes de seguridad periódicos que necesitan ser planificados para monitorearse durante el mantenimiento?

R: Intente correr el comparativo de usuarios - RHAUTUPD_NEW
SUIM table sync - SUSR_SYNC_USER_TABLES

Otros reportes valiosos:

USTxx Sync to USRxxx (programa personal)

RHPROFL0 (para seguridad por posición)

Asegurar /borrar usuarios inactivos (programa personal)

Borrar autorizaciones solitarias/perfil (programa personal)

Borrar información de direcciones solitarias info.

RHAUTUPD_NEW

Reporte de monitoreo y notificación de usuario Critico (programa personal)

Esencial 9: Cuestionando roles restringidos

¿Es posible cuestionar todos los roles que tienen un nivel particular de restricción de nivel organizacional? (Por ejemplo clave de la compañía, Planta, División, etc.)

R: Usted puede obtener todos los roles que tienen una autorización para un objeto en particular que contiene una clave de la compañía o planta u otro valor de autorización. Estos reportes están en la transacción SUIM.

Esencial 10: Eliminaciones Accidentales

Usuarios en nuestro sistema fueron eliminados cuando no debería haber ocurrido. Para determinar como es que esto sucedió, ¿puedo volver a trazar la función o esta en la entrada de una tabla?

R: Depure o use RSUSR100 para encontrar la información.

Esencial 11: Eliminaciones Accidentales 2

Mientras trabajaba en el servidor de desarrollo, mi sesión fue eliminada por otro usuario. ¿Existe alguna manera de encontrar al usuario, que la elimino así como el número del sistema y los datos relacionados?

R: Intente usando TX STAT (o STAD, depende de la autorización) y busque a quien haya utilizado TX SM04.

Con esto, usted puede determinar la sesión. Si más de un usuario ha utilizado el mismo código de transacción a determinado tiempo, SM21 tiene la entrada que se registro.

Puede encontrar quien corrió SM04 y eliminar la autorización del usuario.

Esencial 12: Combinaciones Conflictivas

¿Cómo encuentro las típicas combinaciones conflictivas de objetos de autorización en HR, como códigos de transacción, infotypes y clusters conflictivos?

R: Si usted esta buscando conflictos dentro de HR, no existen muchos. Algunas compañías utilizan medidas de seguridad para limitar la cuota de información, actualizan acciones disciplinarias, promueven el potencial y exámenes médicos a individuos específicos. Esto no es realizado con códigos de transacción, pero sí con Info types limitados.

SAP HR esta escrito como un set central de códigos de transacción con acceso limitado por datos.

Los principales códigos de transacción son PA40, PA30 y PA20, la administración de HR org es el PA10, PA03, PA13 o el POME y "corre Nomina".

Concentrarse en los tipos de información no necesariamente en los códigos de transacción no objetos cuando todos ellos utilizan P_ORGIN (o el que usted configura). La única anomalía es P_ABAP la cual puede sobrecontrolar P_ORGIN.

Esencial 13: El tabulador de Parámetros

Para que es el tabulador de "Parámetros" en la pantalla SU01 de mantenimiento de usuarios?

R: El tabulador de "Parámetros" permite al usuario pre-determinar entradas en orden de llenado de los campos de valores en los códigos de transacciones sin tener que reteclearlos. También utilizado para "preferencias de ajustes."

Esencial 14: Tablas de Nivel Organización

¿Existen listas entendibles de todas las tablas de nivel Org?

R: Intente la tabla AUTHX via SE16.

Si no esta cargada o es incompleta, utilice la fuente de estructuras subyacente en SE11, incluyendo estructuras: AUTHA, AUTHB, AUTHC y otras pocas (busque en AUTH*). Busque la tabla de comprobación o la tabla de valores. Nota: Si AUTHX no esta cargada, existe un reporte para cargarlo.

Esencial 15: Configurar valores en objetos de autorización

¿Cuándo configuro valores en un objeto de autorización, existe una manera de excluir un valor especifico sin comprometer el acceso de otros?

Ejemplo: Trato de restringir S_TABU_DIS para permitir a ciertas personas ver todos los grupos de autorización excepto SS. Si alguien crea un grupo de autorización en el sistema, queremos que la gente con este rol vea el grupo añadido sin tener que regresarnos en el rol y añadir el valor vía PFCG.

R: Configure los valores para ser incluidos - 00 a SR y ST a ZZ, esto excluiría SS.

Esencial 16: Reportes de autorización

¿Cómo son generados los reportes de autorización? Los reportes deben incluir actividad por objeto y deben ser accesibles a todos los usuarios con acceso.

R: Active SUSR_SYNC_USER_TABLES y enseguida intente código de transacción SUIM/report RSUSR002. Ingrese su objeto en Objeto 1 y presione enter. Siga las indicaciones.

Esencial 17: Tipos de Movimientos

¿Cómo restringir usuarios en tipos de movimientos y en ciertas ubicaciones de almacenaje en transacción MB1B? El único objeto visualizado en SU24 para MB1B, con una combinación de tipo de Movimiento y ubicación de almacenaje, es M_MSEG_LGO. ¿Cómo habilitar el sistema para verificar este objeto en MB1B? O, como podemos restringir usuarios en una combinación de ubicación de almacenaje y tipos de Movimiento en transacción MB1B?

R: La ubicación de almacenaje debe ser configurada para verificar autorización en cada ubicación de almacenaje. SAP no hace esto predeterminado por lo tanto no existe seguimiento de ST01 hasta que usted lo configure. Esto es realizado en el IMG (código de transacción SPRO).

Si usted obtiene la documentación de ayuda de M_MSEG_LGO (usando SU21), existe un enlace con la correcta personalización del código de transacción la cual activa/desactiva la verificación de autorización en ella (bajo el papel de administración)

Esto funciona únicamente para movimientos de mercancía, no para visualizar el contenido de materiales.

Esencial 18:
Registrar/deshabilitar
_multi_gui_login

El activar el parámetro registrar/deshabilitar _multi_gui_login afectara el flujo de trabajo?

R: No, la clave es el GUI en el parámetro. El flujo del trabajo no inicia un registro GUI pero un registro de "segundo plano" o vía RFC hacia una visualización de sesión non-GUI.

Nota: este parámetro es para múltiples registros GUI vía el registro SAP Base o equivalente.

Esencial 19: Modo Experto

¿Que es el modo experto en la generación de Perfiles?

¿Cuales son las opciones para su utilización?

R: El modo experto mezcla autorizaciones existentes con autorizaciones nuevas conforme son agregadas al rol. La visualización de autorizaciones le indica cuales objetos de autorización han sido agregados o cambiados. Esto es un ahorrador de tiempo en tanto enumera claramente los cambios y que mantener.

Note: Siempre trabaje en modo Experto.

Esencial 20: Acceder objetos de autorización

¿Existe alguna tabla donde pueda acceder el nombre de un objeto de autorización en particular? ¿Posiblemente un reporte SUIM?

R: Inicie con SU24; esto le dará los objetos/transacciones en uso pfcg.

Después de SU24 hay tablas USOBT_C y USOBX_C.

SU25, Paso 1 es obligatorio activar esas tablas. Nota: Lea la ayuda cuidadosamente antes de ejecutar el paso 1 de SU25.

Esencial 21: Visualizar clave de transacción en PFCG?

¿Cómo visualiza la clave de transacción en el fólder Menú utilizando PFCG?

R: Con un rol existente, la transacción puede ser introducida directamente en el objeto de autorización S_TCODE, no en el menú.

Si el subfolder "Menú" en PFCG muestra la lista de transacciones solo con apariencia de texto y no con claves de transacción, la opción necesita ser cambiada.

Vaya a la derecha de la pantalla, por debajo del tabulador del y cerca del icono de impresión, usted vera un icono en forma de lupa ya sea con símbolo de - o + en ella. De clic en ella para mostrar u ocultar nombres técnicos

Esencial 22: Actualizar temas

**¿Que pasos debo seguir para evitar
cualquier tema de seguridad que podría
resultar cuando actualizo desde SAP 4.6c?**

R: Active SU25 Steps 2a...2c.

Esencial 23: Temas ITAR

¿Seguridad SAP tiene recomendaciones especificas para mantener reglamentos acerca del Trafico Internacional de Armas (ITAR)?

R: Sus restricciones ITAR son especificas para su compañía. Sin embargo, los métodos de restricciones SAP existentes deberían trabajar tan bien, excepto en él modulo PS en 4.6C. En ese caso, algunas modificaciones personalizadas para restringir proyectos y elementos WBS podrían ser necesarios.

Nota: Asegúrese de mantener detallada la documentación de su diseño de rol, pruebas y monitoreo/revisar planes en el caso de auditoria gubernamental (DCAA & DCMA).

Esencial 24: Verificar autorizaciones en ABAP

¿Cómo es utilizada la instrucción ABAP AUTHORITY-CHECK?

R: Verifica y revela la informacion de autorización en reportes SAP. También puede accesar a través de un motor de búsqueda escribiendo "authority-check" ABAP (o similar).

Vaya a un programa ABAP; clic una vez en AUTHORITY-CHECK. Presione F1.

Esencial 25: Desactivar blocks de cuentas

¿Cómo podemos desactivar el campo de Blocks de Cuentas en el tabulador de Ventas en la Orden de Ventas en VA02, SAP 4.6c?

R: Utilice V_VBAK_AAT/02.

Esencial 26: Desactivar SPRO

¿Es posible desactivar la configuración (SPRO) para cierto cliente mientras se habilitan cambios en la transacción OB52 al mismo tiempo?

R: Para desactivar SPRO: configure su cliente a "Producción" y cambie a "No Se Permiten Cambios." OB52 será sostenible, con excepción de los códigos de transacción que automáticamente cambian cuando se configura el sistema Productivo.

Nota: Pueden existir algunas variantes en versiones antiguas; en ese caso, use SOBJ para actualizar su configuración OB52.

Esencial 27: Restringir acceso desde MM03

¿Cómo podemos restringir el acceso a los botones "Actual" y "Previo" desde la transacción MM03 a el tabulador Costeo 2?

R: Configure grupos de autorización en BOM; esto deberá bloquear aquellos sin acceso a visualizar. El campo de grupo de autorización debe ser llenado por el BOM

Esencial 28: Creando un Nuevo CATT en 6.4

¿Puede usted crear un nuevo catt en 6.4? Obtengo un mensaje para usar ecatt en su lugar. He creado el escrito de prueba pero no puedo entender la variante.

Mi idea es crear una variante para exportar. Podría llenar los campos en él archivo de texto y activar la configuración de prueba que corre ese escrito y actualiza las identificaciones de los usuarios.

R: Usted necesita definir parámetros de registro. Crear un contenedor de datos con los mismos parámetros y entrar sus valores. Para ejecutar, use la configuración de prueba para combinar el escrito de prueba y el contenedor de datos juntos.

Esencial 29: Cambiando tipos de documentos

Un usuario necesita cambiar un tipo de doc 001 para grupo de autorización 1; otro necesita visualizar tipos de documentos 002 para grupos de autorización 2. Actualmente, ellos pueden cambiar y visualizar ambos.

R: Si existe un grupo de autorización para cada tipo de documento y usted quiere cambiar y visualizarlo en un rol, necesita copiar el objeto en el rol (Editar->copiar autorizaciones). En un objeto coloque cambio de actividad para grupo de autorización 1, en el otro objeto coloque visualizar para grupo de autorización 2.

Esto creara dos autorizaciones las cuales serán evaluadas independientemente de cada uno

Esencial 30: Clave de acceso a Transacciones

Tenemos un usuario que es capaz de activar cualquier clave de transacción. He verificado el perfil en SU01 (no SAP_ALL) y todos los roles para este usuario, pero no he podido localizar el código de transacción. ¿Cómo puedo encontrar el error?

R: ¿Se le ha otorgado un perfil manual a ese usuario? Usted puede encontrar ahí la autorización para el código de transacción. Si no, use SUIM para filtrar su selección.

Busque en UST04 para ver que perfiles tiene ese usuario. Puede existir una entrada extraña para el objeto tcode en UST10C en el campo BIS.

Active el reporte RSUSR060 (donde se uso - para valores auth).
Entonces busque obj S_TCODE para un valor de todas las transacciones '*' por perfil.

Su usuario deberá estar asignado a uno de esos.

Esencial 31: Objeto de Autorización V_VBAK_VKO

¿Cómo puedo crear una tabla personalizada para el mantenimiento de datos permitiendo el acceso solo para usuario controlado por el nivel de área de ventas usando el objeto de autorización V_VBAK_VKO?

No queremos darle SM30 al usuario, así que he creado un Nuevo código de transacción para la tabla personalizada.

R: Usted tiene unas cuantas opciones:

Crear un programa personalizado.

Use un código de transacción parametrizado a la tabla (vea código de transacción OB52 como un ejemplo). Esto solo controla el grupo de autorización usted adiciona a la tabla a través de SE11, SUCU o SE54.

Crear el programa personalizado y agregar configuración S_TABU_LIN para controlar el acceso al campo en la tabla.

Esencial 32: Objetos de autorización Accidentales

Inadvertidamente, creamos un puñado de objetos de autorización que no queríamos en SAP_ALL. Fueron agregados automáticamente; ¿cómo puedo removerlos?

R: Conserve los perfiles en el generador de perfiles Tx PFCG.

Use SM30 para conservar PRGN_CUST. Agregue la entrada: ADD_ALL_CUST_OBJECTS. El espacio en blanco es el valor por defecto = 'YES'; cámbielo por 'NO'.

Esencial 33: Rastrear datos de usuario

¿Cómo puedo rastrear datos que han sido accesados por un usuario especifico? (Es decir, necesitamos saber quien esta accesando, visualizando o manteniendo, ciertos datos de nomina de empleados.) ¿Existe un reporte registro para esto?

R: El acceso de datos a HR puede ser visto vía el cambio de reporte de documentos en HR; visualizar puede ser imposible.

ST03 y STAT le dirán que reportes y que tablas SE16 fueron accesadas.

Esencial 34: Cambiando valores de usuario

¿Cómo puedo permitir a un usuario central cambiar los valores y parámetros para otros usuarios sin permitir el acceso total a SU01? Actualmente autorizamos a usuarios cambiar sus propias configuraciones con SU50 y SU2, pero no hemos resuelto una manera de hacer esto sin abrir el acceso para mantener los roles y perfiles de usuario que no permitimos.

R: Usted puede hacer esto permitiendo el acceso a SU01, sin proporcionar S_USER_AGR o S_USER_PRO. De esa manera ningún rol o perfil puede ser asignado, pero todos los demás datos se pueden mantener (nombre, dirección, email etc). Mas adelante usted puede limitar a que grupo de acceso conferir vía S_USER_GRP. Esto puede causar temas en un ambiente productivo; haga la prueba antes de ejecutarlo.

S_TCODE <OBJ> Verificación de autorización para inicio de transacción
TCD <FLD> Clave de Transacción
SU01
S_USER_GRP <OBJ> Mantenimiento de Usuario Principal: Grupos de usuario
ACTVT <FLD> Actividad
02
03
CLASS <FLD> Grupo Usuario en mantenimiento de usuario principal

Esencial 35: Cambiando nombres de grupos de autorización

Necesito cambiar la autorización de nombres de grupos por un gran número de tablas. De que la debo proteger cuando haga esto? Pienso trabajar en DEV, transportar a QAS y a PRO.

R: Asegúrese de que sus roles están ajustados a los nuevos valores de la autorización de grupo antes de que los cambios vayan a PRO. Los usuarios probablemente ni lo notaran. Puede usar algunas tablas en su preparación: La Tabla TDDAT puede ser usada para ver todas las tablas que tienen ciertas autorizaciones de grupo.

La Tabla TBRG para objetos S_TABU_DIS le dará todas las autorizaciones de grupos permitiéndole una tabla controlada por este objeto.

Las Tablas y su grupo de autorización pueden ser vistas en código de transacción SE54 y SUCU también. La Tabla TBRG solo tiene "Grupos autorizados documentados." Puede usar lo que quiera y ellos no tienen que estar en la tabla TBRG

Esencial 36: Autorizando jerarquías

¿Es posible autorizar jerarquías en la clave de transacción UCMON en SEM-BW? Necesito prevenir la visualización de toda la jerarquía cuando un usuario no esta autorizado para ello. Puedo autorizar las actividades pero los usuarios pueden ver totalmente el árbol/subárbol de todas las jerarquías que han sido creadas.

R: Si sus usuarios están visualizando solo datos, deberían hacerlo en el analizador bex, el cual les impide visualizar la consolidación del monitor. Bex es el modo ideal para controlar niveles de jerarquías.

Esencial 37: Usuario BDC vs. Usuario de servicio

¿Cuál es la diferencia entre usuario BDC u usuario de servicio?

R: Un usuario BDC es el designado para ser utilizado por una sesión BDC (sesión de batch input) corrida en batch. Pocos lugares SAP verifican el tipo de usuario antes de permitir completar el proceso. SM35 es uno de ellos; su contraseña no caduca y no puede ser utilizada interactivamente.

La Comunicación ID esta diseñada para ser utilizada en conexión RFC definida en SM59. La contraseña no caduca y la identificación no puede ser utilizada en procesos de dialogo.

 Una identificación de usuario BDC puede ser utilizada en SM59 RFC pero la identificación de la comunicación (CPIC) no puede ser utilizada en una sesión BDC.

Esencial 38: RESPAREA

Previamente, RESPAREA produjo un nivel de organización. Cuando se visualiza el objeto en el nivel de organización muestra que existe un acceso a HI, KN, KS, PC y PH.

Nuestro cliente esta teniendo un problema en KO04. Un rastreo muestra que esta fallando en RESPAREA con OR en K_ORDER. Cuando se busca en RESPAREA en el objeto mismo Puedo ver OR como una opción, pero no en el nivel de organización.

¿Cómo puedo incluir OR en RESPAREA en el nivel de organización?

R: Intente la Nota 565436.

Esencial 39: HR salida a productivo

Estamos preparándonos para un HR salida a productivo con estructura de autorización aplicada. Tenemos los siguientes requerimientos de negocio:

Un usuario tiene 1 OM y PA desplegado de roles centralizado (la organización completa). Este usuario también necesitara un rol administrativo PA que hemos creado, con una estructura de perfil que limita el acceso a una unidad de organización especifica.

Si asigno los tres roles a este usuario, el resultado será que tendrá el acceso total combinado a los tres roles, sin embargo solo será capaz de ver la organización total a través de sus roles de desplegado OM y PA porque el perfil estructural le restringirá a la unidad simple de organización en conjunto.

¿Existe alguna manera de tener perfiles estructurales aplicados diferentemente para cada rol?

Mi meta es permitir a este usuario visualizar completamente la organización vía su rol de visualización OM y PA y mantenerlo (es decir, PA30) únicamente unidades de organización especificas vía un rol administrativo PA y una restricción estructural.

R: Probablemente en SAP estándar no. Existe un cambio que puede utilizar en la opción de modulo de función en la autorización estructural para obtener que haga lo que usted quiere. La otra opción, si esta en la versión correcta, es buscar nuevos objetos en HR, llamados contextos, esto le permitirá asignar el perfil PD a la autorización (rol) y puede lograr lo que usted desea.

Algunas otras verificaciones son ver si los códigos de transacción administrativos verifican objetos P_ABAP, (utilice rastreo de autorización ST01). Si lo hace usted puede realizar un programa especifico que pueda desviar las otras verificaciones para ese programa solamente.

El contexto de la solución funciona bien pero es solo aplicable a PA y no a OM (es decir sin contexto para objetos relacionados OM).

La solución P_ABAP solo interrumpe verificaciones infotype, no autorizaciones estructurales, y solo para reportes de artículos corriendo a través de bases de datos lógicas SAPDBPNP/ SAPDBPAP.

Existe un documento en service.sap.com, llamado "context sensitive realization of the authorization check in HR master data" que reporta sobre funcionalidad. Debe resolver la mayoría de tópicos dependiendo de que tan complicado es su sistema.

Esencial 40: Valores de Campo en grupos de autorización

Tengo un elemento esencial respecto a grupos de autorización. Cuando damos valores de campo para objetos de autorización, tenemos un campo llamado grupos de autorización, (es decir, en el objeto mm_mate_wgr, es dado un campo para grupos de autorización).

¿Cómo podemos crear estos grupos de autorización? Existe un código de transacción o alguna otra forma de hacerlo?

R: Usted no tiene que crear las claves de campos, pero si puedo hacerlo si lo desea. Puede ingresar una llave arbitraria de 4 caracteres y mientras combine con la que coloco en la configuración de datos esta funcionara.

Si quiere saber como configurarlos obtendrá una lista de desarrollo, active una búsqueda para obtener varios avisos acerca de los pasos a seguir.

M_MATE_WGR

Ingrese algo en el campo de grupo de autorización en el material de datos básicos de la vista principal.

De acceso a usuarios a los grupos de autorización en su rol para este objeto M_MATE_WGR.

Esencial 41: Configuración CCMS

Obtengo un error de inicio de sesión el cual se lee: Logon failed; Call of URL http://<xi-system>:8000/sap/bc/bsp/sap/spi monitor/monitor.do terminated due to error in logon data.

R: Primero, verifique la validez de su ticket SSO para este sistema. Si no tiene una identificación de usuario, contacte a su administrador de sistema.

Error Code: ICF-LE-http-c:100-l:E-T:21-C:3-U:5-P:5-L:7

HTTP 401 - Unauthorized

Si la identificación de usuario y la contraseña son correctas; puede existir una cuestión de autorización.

Si usted esta usando 6.40 WAS, verifique nuevamente su entrada. En versiones superiores, las contraseñas distinguen entre mayúsculas y minúsculas para no ABAP a ABAP.

Esencial 42: FICO SME

Tengo un FICO SME intento configurar el grupo de autorización en el objeto indicado para un valor especifico, dice 0001 para mostrar solo la prueba negativa y colocar el valor en la identificación de la prueba de 0002 y esto sucede cuando debía haber fallado. Realizo el SU53 pero obtiene el mensaje de "verificación exitosa de autorización". Esto no debería de suceder de acuerdo con nuestra configuración de los campos de seguridad. El SME intenta restringir usuarios a un grupo de autorización en particular cuando muestra los reportes de grupos. De nuevo no parece funcionar. Cuando adiciona un grupo al grupo de autorización para el objeto G_801K_GLB, permite el acceso. Activo un rastreo y no verifica mas el objeto. El objeto es verificado pero no mantenido como puedo resolverlo?

R: Probablemente encontró técnicamente un concepto de cubierta vaciá y necesita buscar un objeto diferente de control. Su ultimo recurso es S_PROGRAM; pero necesitara un concepto primero.
Es posible que usted este esperando que el objeto funcione de una manera no intencional. El control de objetos es quien puede cambiar el esquema, no lo utilice. Deben existir otras configuraciones de G_xxx que son utilizadas para el control de uso del esquema. Si el grupo de autorización esta en blanco, (no se muestra en el rastreo) vea si la documentación en SU21 para el objeto puede ayudar.

Esencial 43: Auto reestablecer contraseña

¿Existe alguna herramienta de autoservicio con la cual los usuarios finales puedan restablecer ellos mismos su contraseña? Imagino que una llamada de función con una apariencia de red seria muy efectiva. Alguien tendrá algunas claves/herramientas que venda?

R: La herramienta estándar deberá permitir la autentificación contra la contraseña LDAP/RACF, determina si el usuario esta bloqueada o no en SAP (y si el administrador bloqueo o desbloqueo), restablezca la contraseña y envié un e-mail al usuario con la nueva contraseña.

Esencial 44: Transacción VF02

Quiero prevenir a usuarios de dar a conocer documentos relativos a la facturación en la transacción VF02. La actividad para la liberación es 43, pero esta actividad no esta asignada al objeto de autorización para esta transacción.

R: Abra la pantalla de selección de actividad para un objeto de autorización dado.
Clic izquierdo > Seleccione "Más Valores"
Todas las actividades listadas en la tabla TACT aparecerán para seleccionar.
Si continua teniendo problemas, presione la tecla F7 en su teclado en el cuadro de dialogo de Actividad – esto mostrara todos los valores disponibles ACTVT, sin importar que tanto relacionan el objeto.

Esencial 45: Copia a distancia

Realizamos a un cliente remoto una copia desde PRD (Fuente) hacia DEV (Objetivo) seleccionando el perfil SAP_USER.

La copia a distancia fue exitosa pero no podemos ver el mantenimiento básico o las vistas completas en objetivo PFCG de la transacción del cliente. Existen algunas configuraciones en las que podamos obtener ambas?

R: En la transacción PFCG, vaya arriba de la barra del menú. Debajo de las utilidades hay una opción para la vista que usted necesita.

Esencial 46: Examinando departamentos

Estamos en la fase de implementación de SAP, y he sido asignado a la tarea de llevar a cabo un encuesta y tomar nota de los usuarios en todos los departamentos (módulos) para nuestras Licencias de Usuario de SAP.

¿Cuál es la forma más fácil de preparar las listas de usuarios? (Ha sido muy difícil obtener una información general de los usuarios.)

R: Con la creación de grupos de usuarios para categorizar al usuario con la transacción SUGR. Esto se hace para un reporte simple a través de SUIM.

Nota: Utilice USMM para visualizar la clasificación de licencias actuales y asignarlas adecuadamente.

Esencial 47: Op SAP PS

Hemos configurado op SAP PS para ser utilizado en las claves/plantas en dos compañías.

Queremos configurar autorizaciones de tal forma que el staff en un cc no pueda escribir el horario en la red en el otro cc, pero hasta ahora no hemos podido encontrar una solución para esto.
Estamos utilizando CATS para horarios y tenemos 2 estructuras WBS separadas en cada cc, con algunos elementos WBS en cc A para un proyecto en cc B.

Queremos asegurar que las personas en cc A no escriba en tiempo en la red en cc B.

R: Sé esta usted refiriendo a CATS y no esta ejecutando una programación en los proyectos? Si son las limitaciones de CATS que esta usted buscando, necesitara explorar las salidas de usuario de CATS. Pruebe cuidadosamente; CATS es muy temperamental y usted esta impactando potencialmente un gran número de usuarios que podrían o deberían cargar al proyecto.

Salida a considerar:
CATS0006 CATS: Autentificar la hoja de tiempo completa

Si esta buscando restricciones de red limitadas dentro de la funcionalidad de PS, utilice:

CNEX0002
EXIT_SAPLCNAU_003 PS Salida personalizada de
la red verificación de autorización de encabezado
EXIT_SAPLCNAU_004 PS Salida personalizada de
la red verificación de autorización de actividad

Estas mismas salidas pueden ser llamadas desde
una transacción no-PS, particularmente PM, desde
la red hay una forma de orden (compartidas por
PM, QM, CO ....). De nuevo, conozca que esta
haciendo y pruebe cuidadosamente.

Activando estas salidas, y sin agregar una clave,
encontrara que traerá los módulos logísticos a
mantenerse inmóviles hasta que haya agregado al
menos una línea de códigos a ellos para
SAP_X_ACTVT – regresando el valor de 'X'.

Esencial 48: Ejecución de transacción

¿Existe alguna manera de encontrar que transacción utilizó un usuario en particular en cierto día?

R: Utilice STAT para +/- 24 horas; ST03 o ST03N para mas de una semana. Después de eso, se obtienen datos resumidos semanal y mensualmente.

Esencial 49: Objeto de autorización f_lfa1_grp

¿Puede un objeto de autorización f_lfa1_grp ser utilizado en un nivel de TRANSACCION?

Trabaja en XK01/FK01 (crear vendedor) pero no en FV60/F-43.

R: Este es un objeto de control de datos maestros. Utilice grupos de autorización y F_BKPF_BEK para tener un control de grupo especifico al nivel de transacción.

Esencial 50: Grupo de búsqueda en QuickViewer

Hemos asegurado búsquedas SAP basadas en Grupo de Búsqueda. Sin embargo, cuando es creada una búsqueda utilizando QuickViewer, y convertida a una búsqueda SAP para ser utilizada por otros, encuentra una falla de autorización porque el usuario no tiene visualización de acceso _TABU_DIS para el grupo de autorización de la tabla subyacente.

Sin conocer cada búsqueda en el grupo de búsqueda y cada tabla asignada al grupo de búsqueda, ¿como damos acceso a esta búsqueda?

R: No existe maneara sin analizar cada Quick Viewer y cada tabla que lo utiliza referenciándolo a la tabla TDDAT para los grupos de autorización.

Si usted utiliza la opción PFCG's para "agregar reporte" (como lo contrario a "agregar transacción") y ha creado la clave de transacción PFCG, no necesitara utilizar los grupos de usuarios para esto.

Usted puede configurar SU24 con el código de transacción PFCG creados para todos los requerimientos S_TABU_DIS, así que cuando el código de transacción es agregado a cualquier rol no necesitara recrear el acceso a cada vez.

Algunos prefieren evitar grupos de usuarios para búsquedas agregando reportes generados (no la búsqueda) para reportar árboles o roles, lo cual ayuda a evitar fallas a todos los grupos de usuarios.

Esencial 51: Combinaciones criticas

¿Existe un reporte en SAP que pueda mostrar todas las combinaciones criticas de transacciones asignadas a un usuario? (Intente un reporte en SUIM pero este necesita la tabla SUKRI para acceder a la lista de combinaciones criticas.) ¿Existe otra ruta para encontrar una lista de las posibles combinaciones criticas?

R: Usted puede correr RSUSR008 para la combinación códigos de transacción pero no le dirá si el usuario puede ejecutar los códigos de transacciones.

RSUSR009 puede ser configurado para mostrar acceso conflictivo de acuerdo con las autorizaciones necesarias para completar el proceso de negocios.

En versiones posteriores existe un RSUSR008_009_NEW que le permite definir los procesos de negocios así que los resultados son más fáciles de determinar.

Algunas matrices han sido colocadas en los foros a partir de un par de años atrás- quizá desee buscarlos.

Puede obtener alguna información genérica de estos sitios:

http://www.auditnet.org/ - probablemente necesite registrarse.

http://www.sapbasis.org/securitydocs.htm

Nota: Antes de correr esos programas, determine que es considerado "critico" por su compañía o producirá una gran carga de trabajo por información extraña.

Esencial 52: Creando un rol en SAP CRM

Estoy creando un rol en SAP CRM con transacción PPOCA_CRM : Creación de una Nueva unidad de organización.

Una vez que agregue la transacción al rol, no puedo visualizar la clave de transacción pero si la Descripción "Create org Model" en su lugar.
¿Cómo puedo ver las claves del rol que agregue?

R: En la parte del menú del rol, existe un signo +; de clic en el y usted vera transacción + descripción.

Esencial 53: Problemas de registro especializado

No he podido registrarme dentro del servidor PRD utilizando usuario SAP* y usuario DDIC. También lo he intentado con la contraseña por defecto de estos usuarios. (06071992,19920706,PASS). Nuestros consultores configuraron la contraseña para estos usuarios y fueron registradas de nuevo. No he podido encontrar las contraseñas originales.

Algunos expertos en este lugar hablan de ejecutar la búsqueda siguiente e intentar registrarse de nuevo: Antes de ejecutar 'Delete sapr3.usr02 donde bname = 'sap*' and mandt = '122';', quiero correr la búsqueda seleccionada para esto.

Mientras ejecuto la siguiente búsqueda en nivel OS, obtengo el mensaje de error: "tabla o vista no existen."

pmldev:devadm 1>sqlplus /nolog
SQL>connect /as sysdba;
Conectado.
SQL>select bname from sapr3.usr02 where bname = 'sap*' and mandt = '122';
select bname from sapr3.usr02 where bname = 'sap*' and mandt = '122'
*
ERROR at line 1:
ORA-00942: tabla or vista no existen
SQL>

R: Si este sistema fue instalado con la versión 4.7, usted debe utilizar un esquema de propietario:
Select bname from sap[SID].usr02 where bname = 'sap*' and mandt = '122';

Esencial 54: Ejecutando ST03

Estoy intentando ejecutar ST03 y no he podido encontrar la historia de registro en la versión de la empresa. Una vez que lo ejecuto, no se como proceder.

R: Utilice SE11 para comprender cual ST03 se utilizo, entonces utilice SE11 de Nuevo para ayudarle a encontrar que es nuevo /cambiado.

Esencial 55: Deshabilitar datos modificados

Quisiera recomendar a nuestro personal BASIS a deshabilitar los valores de datos modificados de variables durante el modo depurar en nuestro sistema de producción para evitar una depuración accidental directa de actualización de tablas y problemas de integridad.

¿Cómo podemos implementar este perfil de seguridad si solo puede ser dado a ciertos particulares?

R: Depure con la actividad de reemplazo S_DEVELOP (ACTVT) = 02 and OTYPE = 'DEBUG' – todos los otros campos están en blanco (representados por comillas-espacio-comillas)

También puede actualizar la depuración con 03 en antiguas ediciones/ nivele si puede ceder un programa en tareas de actualización.

Así mismo usted puede desactivar globalmente una depuración normal en ediciones superiores vía un control de las sesiones de depuración desde el dispatcher.

Obtendrá un mensaje declarando "La depuración es imposible en este momento – por favor intente mas tarde."

Esencial 56: Roles del modulo Base

Tengo un problema con un usuario que esta trabajando tanto en HR como en EHS, por lo tanto necesita un cruce de módulos de combinación de roles.

Hemos creado un objeto de autorización personalizado para P_ORGIN para los roles HR y esta trabajando de la forma que debería.

Sin embargo, cuando combinamos el rol EHS con el rol HR, el usuario pierde IT0002 para todos los subtipos. Queremos a este usuario restringido al subtipo 9 en el rol HR pero queremos que el usuario vea todos los subtipos en las transacciones EHS.

Actualmente el usuario solo puede visualizar a los usuarios que están en el subtipo 9 en cualquiera de las transacciones EHS. ¿Existe alguna forma acerca de esto?

Cuando damos al usuario acceso a IT0002 para todos los subtipos, las transacciones EHS muestran a todos los empleados y todas las transacciones HR el usuario es capaz de ver a todos los empleados lo cual no debería pasar. El usuario debería ver solo a los empleados que están en el subtipo 9 en PA20/PA30.

R: Intente la nota OSS: 508254 EHS-HIS verificación de Autorización para datos HR.

Esencial 57: Rol FBL3N

He creado un rol con FBL3N como si fuera una sola transacción y limitada a un grupo de autorización "AA" para las cuentas GL.

Agregue una entrada a TBRG para un objeto de autorización F_SKA1_BES y dándole un valor de "AA." Así mismo cambia una cuenta GL para tener un grupo de autorización de "AA."

Sin embargo, cuando me registro como mi nuevo usuario con el rol FBL3N, no puedo ver la línea de productos para la cuenta GL para la cuenta que ha sido dada "AA."

Se que el rol FBL3N esta trabajando porque puedo ver otras cuentas que no tienen adjunto un grupo de autorización.

R: Ejecute un rastreo de autorización ST01. Manualmente agregue un grupo de autorización F_BKPF_BES dentro del rol y limítelo a "AA." Agregue esta entrada a TBRG y todo deberá trabajar.

Esencial 58: Objeto F_IT_ALV

¿Cuál es el beneficio del objeto F_IT_ALV? Estoy interesado en la actividad 70 (administrar) y me gustaría saber que realiza exactamente y que acceso obtiene el usuario sí la actividad esta configurada a 70?

R: La actividad 70 da a los usuarios la capacidad de administrar diseños en transacciones como FBL1N y FBL3N. Esto debería ser restringido para prevenir a usuarios alterar diseños utilizados por otros usuarios.

(Del texto de ayuda): El Objeto F_IT_ALV controla la disponibilidad de funciones para diseño de mantenimiento en la lista ALV para la línea de visualización de productos. Esta autorización es opcional. Si no ha sido conservada por un usuario, no afecta funciones previas. Esto es, todas las funciones continúan disponibles sin restricciones.

Campos definidos

El objeto F_IT_ALV tiene un campo, la actividad ACTVT, que puede tener uno de cuatro valores: 01, 02, 03 y 70. Cada una de las actividades 01, 02 y 70 controlan específicamente la disponibilidad de una

función (en el menú o la barra de herramientas de las aplicaciones) en la línea ALV de la lista de productos:
01: "Configurar -> Visualizar variante -> Guardar"
02: "Configurar -> Visualizar variante-> Actualizar." y
"Configurar -> Visualizar variante -> Productos de encabezado actuales"
70: "Configurar -> Visualizar variante -> Administración"

La actividad 03 es lo mínimo, la autorización mas restringida: El usuario solo puede seleccionar diseños preconfigurados. Todas las demás funciones están inactivas para la actividad 03.

Si, por ejemplo, usted quiere que un usuario sea capaz de cambiar la columna de selección y los encabezados de los productos y guardarlos en un nuevo diseño, pero no desea que él administre el diseño, entonces usted le daría autorización a este usuario para las actividades 01 y 02.

Para mas información, vea la nota 374656.

Esencial 59: Transacción PV7I

Tenemos un empleado intentando registrar un adiestramiento para la transacción PV7I presionando "Petición de Asistencia." El sistema tiene el mensaje "usted no tiene autorización para la función o el objeto." Cuando verifico el SU53 dice "todas las verificaciones de autorización han sido exitosas."

Existen algunas otras herramientas para comprobar que este usuario esta autorizado o alguna otra forma de evadirlo?

R: En raras ocasiones, SAP ejecuta una simulación de verificación de autorizaciones. De esta manera, ningún SU53 esta presente pero el usuario no esta autorizado. En algunos casos el mensaje de error esta equivocado.

Nota: Intente depurar la clave y breakpoint un mensaje para encontrar cual es la causa de la falla.

Esencial 60: Construyendo roles en PFCG

¿Cuándo quiero construir un rol en PFCG, como puedo excluir objetos como IS-Bebidas e IS-Bienes Raíces de aparecer en PFCG? Esta en SU22 o SU24?

R: Usted puede excluir un objeto de autorización vía SU22/4.

Es recomendable "desactivar" el objeto en un rol dado.

Esencial 61: Administración de roles

Cambiar la administración para roles cuando voy al -cambio de documentos- roles SUIM los valores para "valor antiguo" y "valor nuevo" están en blanco.

Este es el caso para varios roles.

¿Porque no esta activada la administración de cambios para roles?

R: Configure "de fecha" a una fecha anterior y seleccione "Todos los Cambios de Documentos (Vista Técnica)".

Esencial 62: Comparación de usuario

¿Existe alguna manera en la que la comparación de usuario pueda ser automática? Actualmente, comparamos de forma manual los roles. He escuchado que un cambio de parámetros realizara el truco.

R: Utilice la clave de transacción SUIM > Comparación > de Usuarios

Nota: Programe RHAUTUPD_NEW para ejecutarlo periódicamente.

Esencial 63: Listado de áreas de personal

¿Existe una tabla, programa o una clave de transacción para correr una lista de áreas de personal que hayan sido creadas para HR?

R: Intente la tabla T500P

Esencial 64: Claves de Transacción FS00/FSP0

Nuestros supervisores han demandado que las claves de transacción FS00 (G/L Cuenta) y FSP0 (G/L Cuenta en la grafica de cuentas) sea hecha solo en visualizar. Esto no seria problema si pudiera configurar la Actividad a 03.

Sin embargo, necesitan usuarios para crear y cambiar el acceso a la transacción FSS0 la cual utiliza el mismo objeto FS00 y FSP0. Sabe usted de alguna forma de realizar en solo visualizar las dos claves de transacción de arriba?

Existe una forma de asignar otro objeto de solo visualizar a estas transacciones que no seria verificado por FSS0?

R: Es mejor dar a las transacciones un código de transacción estándar de solo visualización y separar los roles.

Reconsidere su diseño y desafié el requisito cambiando el código de transacción. Su compañía no deberá solicitar códigos de transacción, preferiblemente como requisito. Proporcióneles algo para hacer clic y no importa como sea nombrado.

Usted puede cambiar la verificación de autorización un poco con Se93 (al inicio) y utilizando indicadores de verificación SU24.

Verificaciones altamente codificadas, si reaccionan a ello, son las únicas verificaciones reales.

Utilice el concepto de autorización para garantizar autorización, dependiendo que tanto desea lograr visualizar o cambiar. Generalmente, usted acciona 03 o 02.

La solución puede ser una combinación de ambos: "Que verifico SAP?" Y "que tenia el usuario?" (Algunas veces "Como reacciono SAP a la verificación" también juega un rol.)

Esencial 65: Rol asignado en un sistema child

¿Cómo encuentro que rol asigne a un usuario en el sistema child?

Corrí el reporte "visualizar cambios de documentos para la administración de rol" vía la transacción SU01 pero solo muestra los roles del sistema CUA.

R: Solo vaya dentro del sistema objetivo (child) y utilice la tabla AGR_USERS.

SE16 -> AGR_USERS

Cambie "Desde fecha" en "Cambiar documentos para la Asignación de Rol" desde la fecha actual a una fecha anterior.

O, desde SU01, puede seleccionar "Cambiar Documentos para Usuarios." El reporte le mostrara los perfiles borrados.

El reporte de arriba con la tabla AGR_PROF le permitirá ver la relación entre un perfil y un rol. Hay varios pasos involucrados, pero esto le proporcionara los resultados buscados.

Esencial 66: Db-tab TCURR

Nuestros usuarios deben ser autorizados para cambiar entradas en el db-tab TCURR.

Estamos en SPRO; ¿que debo hacer para autorizar?

R: TCURR es conservado vía transacción OB08.
Necesita restringir este + cambio de acceso a
S_TABU_DIS grupo de autorización FC32.

Esencial 67: Transacciones ejecutables

¿Cómo encontramos las transacciones ejecutables dentro de múltiples roles a la vez?

R: Póngalas todas en una identificación de usuario y ejecute la transacción RSUSR010.

Nota: En versiones inferiores, RSUSR010 puede no garantizar los resultados que usted necesita, pero en versiones superiores le dirán si el usuario tiene S_TCODE y el objeto de autorización ligado al código de transacción definido en SE93. Esto no le dirá si el usuario puede completar el código de transacción o si el usuario tiene acceso para correr una función de negocios ejecutada por una CALL TRANSACTION dentro de otro código de transacción.

RSUSR009 (o el nuevo), configurado

correctamente, puede suministrarle resultados mas adecuados.

Esencial 68: PHAP_SEARCH_PA

Restringí el acceso a empleados creando un rol de área personal. Sin embargo, cuando el usuario ejecuta la transacción PHAP_SEARCH_PA el reporte genera una lista de datos desde toda la base del personal.

¿Que esta mal? ¿Podría ser que el reporte no tiene una verificación de autorización a través de la búsqueda?

R: Ejecute una verificación de autorización ST01 para ver que ha sido verificado. Si el reporte esta fundamentado en una Base de Datos Lógica pudiese ser verificada por P_ABAP la cual domina la verificación P_ORGIN.

Esencial 69: Reporte Restringido de Acceso Variante

¿Cómo puedo restringir el acceso para editar el Reporte Variante de otros? Es posible?

R: Si, cuando vaya a guardar la variante, de clic en la caja que dice "Proteger Variante." Una vez que el campo Proteger Variante es seleccionado, solo podrá ser cambiado por la persona que lo creo o por la ultima que lo cambio.

Nota: Si un usuario tiene acceso al reporte RSVARENT, podría ser capaz de accesar y/o modificar el reporte.

Esencial 70: Sobrescribir autorizaciones de usuario

He creado algunos usuarios con un juego de autorizaciones y roles. Estos nombres de usuarios están actualmente en uso. Quisiera sobrescribir la autorización de los usuarios copiando roles y perfiles de otro usuario sin eliminar los existentes.

R: Remueva los roles existentes en SU01 y remplácelos con aquellos que quiera copiar desde la forma de acceso.

Esencial 71: Restringir ME21

Queremos restringir el código de transacción ME21n basados en Categoría de Productos, pero no existe un objeto donde podamos especificar el valor del campo de la categoría de producto. Tratamos de configurar el rastreo, pero no muestra ningún objeto que tenga categoría de producto como campo para cualquier objeto

Los usuarios pueden seleccionar el tipo de producto dentro del código de transacción me21n. ¿Que se puede hacer para restringir basándose en la categoría de producto?

R: Usted puede incluir una verificación de autorización adicional en ABAP (Salida de Usuario).

Pasos:

Busque un objeto de autorización ya existente, el cual será el adecuado.

Si tal objeto de autorización no existe, debe crear un objeto de autorización personalizado.

Incluya el objeto de autorización dentro de la Salida de Usuario.

Asigne el objeto de autorización a la transacción vía SU24.

Regenere el rol afectado en modo experto.

Esencial 72: Deposito de información

Estoy tratando de crear y configurar un Depósito de Información (transacción OAC0) de esta manera puedo utilizar mi propio Servidor de Información con Enlace de Archivo. Cuando trato de guardar mi configuración, tengo el mensaje, "El Usuario DDIC no puede realizar cambios en sistemas personalizados."

R: Intente otro i.d. y el usuario a_ch2005 sin SAP_ALL.

Usted esta teniendo este mensaje porque el usuario DDIC tiene limitado el crear y cambiar accesos en SAP.

No deberá utilizar DDIC para esas tareas.

Sin embargo, DDIC es requerido para ciertas instalaciones y tareas de configuración en el sistema, por lo tanto no deberá eliminarlas.

Esencial 73: Listado de todas las transacciones SAP

¿Cómo puedo correr un reporte para generar una lista de todas las transacciones SAP? Sé que puedo ver una lista desde SE93 y SM01, pero necesito descargar una lista completa.

R: Intente la tabla TSTC para una lista de transacciones. El texto esta en TSTCT.

Esencial 74: Localizando tablas

He asignado roles a posiciones. ¿Que tablas poseen los datos?

R: Existe una relación en IT1001. Intente la tabla HRT1001 (puede ser o en conjunción con HRP1001).

En versiones antiguas, esto es IT1016

 En 4.6C, utilizamos HRP1001.

Object type = S
Rel.Obj.Type = AG
ID Rel.Obj = su nombre de rol

Usted puede jugar con los otros campos (fecha final, etc.) si lo necesita.

Esencial 75: Autorizaciones de Usuarios

Necesito proporcionar autorización para solo lectura de una tabla de base de datos y para otros usuarios lectura e insertar/actualizar correcciones.

¿Que tipo de autorizaciones de usuario necesito para construir dentro de la clave?

R: Si usted desea restringir las tablas en SE12/16/17, puede hacerlo a través de un grupo de autorización: Asigne el grupo a la tabla y utilice el objeto de autorización S_TABU_DIS. La codificación no debe ser requerida.

Si quiere proporcionar el acceso de autorización a través de un programa: Utilice una tabla de transacción que sea poblada por el programa.

Nota: Solo usuarios con acceso/autorización especifico deben poblarla.

SM30 (O componga un código de transacción en SE93 y llame SM30 con la opción skipscreen); Utilice S_TABU_DIS para buscar valores (vea SU21).

Actividad 03 = visualizar
Actividad 02 = cambiar (etc.)

Utilice S_TABU_DIS (tcode SUCU) para

DESIGNAR que desea lograr.
Utilice SU24 / PFCG etc. para CONTROLARLO.

Notas OSS, Tablas, y Claves de Transacción

SAP R/3 Notas OSS Enterprise

SAP Instalación de Software

[580341]	SAP Software on UNIX: OS Dependencies 6.30
[520965]	Release restrictions R/3 Enterprise 4.70 / 1.10 Add-Ons
[534334]	Composite SAP note Install./Upgrade? SAP R/3 Enterprise 47x11
[538887]	SAP R/3 Enterprise 47x110: Software Architecture/maintenance
[635608]	Release restrictions for SAP R/3 Enterprise 47x200
[662453]	Composite SAP Note Inst./Upgrade? SAP R/3 Enterprise 47x200
[658351]	SAP R/3 Enterprise 47x200: Software architecture/maintenance
[580341]	SAP Software on UNIX: OS Dependencies 6.30
[534334]	Composite SAP note Installation/Upgrade? SAP R/3
[492222]	SAP Software on UNIX - OS Dependencies
[523505]	SAP R/3 Enterprise Installation Under UNIX
[523502]	INST: SAP R/3 Enterprise 4.7 Inst. Under UNIX - SAP DB
[523503]	INST: SAP R/3 Enterprise 4.7 Inst. Under UNIX - Informix
[523504]	INST: SAP R/3 Enterprise 4.7 Inst. Under UNIX - Oracle
[496251]	INST: SAP Web AS 6.20 on Windows - General
[529151]	SAP R/3 Enterprise Installation UnderWindows? - General
[529076]	INST: SAP R/3 Enterprise 4.7 Under Windows: Oracle
[529118]	INST:SAP R/3 Enterprise 4.7 Under Windows- MS Cluster

[529150]	INST:SAP R/3 Enterprise 4.7 UnderWindows?- MS SQL Server
[531349]	INST: SAP R/3 Enterprise 4.7 UnderWindows? - Informix
[531372]	INST: SAP R/3 Enterprise 4.7 Under Windows - SAP DB
[533728]	SAP R/3 Enterprise 4.7 Inst. Under UNIX - IBM DB2 UDB for UNIX and Windows
[533715]	SAP R/3 Enterprise 4.7 Inst. Under Windows 2000 - IBM

Copia de sistema

[547314]	FAQ: System Copy procedure
[89188]	R/3 System copy
[489690]	CC INFO: Copying large production clients
[407123]	INST: SAP Web AS 6.10 - Hom. + Het. System Copy
[516246]	INST: System Copy for SAP Systems based on SAP Web AS 6.20
[677447]	INST: System Copy for SAP Systems based on SAP Web AS 6.30

SAP Business Warehouse

Actualización

[658992]	Additional information for the upgrade to BW 3.50
[662219]	Add. info. on upgrading to SAP Web AS 6.40 ORACLE

Instalación

[552914]	SAP BW 3.1 Content Server Installation on UNIX
[492208]	INST: SAP Web AS 6.20 Installation on UNIX
[492221]	INST: SAP Web AS 6.20 Inst. on UNIX - Oracle
[492222]	SAP Software on UNIX: OS Dependencies 6.20
[421795]	SAP_ANALYZE_ALL_INFOCUBES report
[355814]	Demand Planning: You must work in client 001
[192658]	Setting basis parameters for BW Systems

Servicio Grafico de Internet (IGS)

[458731]	Internet Graphics Service: Main Note
[525716]	6.20: IGS Buglist (and solutions)
[548496]	Overview of IGS Notes (6.20)
[514841]	Troubleshooting when a problem occurs with the IGS
[480692]	SAP IGS support strategy
[443430]	HW/SW Requirements for Internet Graphics Service
[454042]	IGS: Installing and Configuring the IGS

Servidor de Transacciones de Internet (ITS)

[721993]	ITS updates in Release 6.40 (SAP Integrated ITS).

BW Administración del Sistema

[428212]	Update of statistics of InfoCubes with BRCONNECT
[150315]	BW-Authorizations for Remote-User in BW and OLTP
[46272]	Implement new data class in technical settings
[371413]	DB data class and size catgory for aggregate tables
[156727]	Default data class for InfoCubes and dimensions
[123546]	Extending the permitted size categories
[443767]	Size category for fact and dimension tables (InfoCube)
[639941]	TABART(Table space) for PSA tables
[550669]	Compressed transfer of BW Web Applications
[561792]	Client-sided caching of image/gif files
[130253]	Notes on upload of transaction data into the BW
[417307]	Extractor package size: Collective note for applications

Oracle

RAC

[527843]	Oracle RAC support in the SAP environment
[581320]	FAQ: Oracle Real Application Cluster (RAC)
[621293]	Oracle9i: Real Application Clusters

Instalación

[619188]	FAQ: Oracle Wait Events
[619876]	Oracle9i: Automatic PGA Memory Management
[601157]	Dynamic parameter changes - SPFILE
[145654]	Installing SAP Systems on UNIX/Oracle? with raw devices
[617416]	Oracle9i: Dynamic SGA
[598678]	Composite SAP Note: New functions in Oracle 9i
[180605]	Oracle database parameter settings for BW
[632556]	Oracle 9.2.0.* database parameterization for BW
[632427]	Oracle 8.1.7* database parameterization for BW
[565075]	Recommendations for BW systems with Oracle 8.1.x
[567745]	Composite note BW 3.x performance: DB-specific setting
[359835]	Design of the temporary tablespace in the BW System
[387946]	USE OF LOCALLY MANAGED TABLESPACES FOR BW SYSTEMS
[351163]	Creating ORACLE DB statistics using DBMS_STATS

Administración

Elementos Esenciales de Seguridad de SAP

[592393]	FAQ: Oracle
[588668]	FAQ: Database statistics
[666061]	FAQ: Database objects, segments and extents
[541538]	FAQ: Reorganizations
[647697]	BRSPACE - New tool for Oracle database administration
[600141]	Oracle9i: Automatic UNDO Management
[60233]	Oracle rollback segments, more information
[385163]	Partitioning on ORACLE since BW 2.0
[335725]	BW (Oracle): Change/restore standard indexing

Problemas

[354080]	Note collection for Oracle performance problems
[323090]	Performance problems due to degenerated indexes
[3807]	RBS problems: ORA-01555, ORA-01628, ORA-01650
[185822]	ora-1555 - cause and action
[568632]	Problems with Disk Storage with temporary tables in BW
[178275]	Bitmap Indexes in Wrong Tablespace
[494852]	Primary index of PSA tables in incorrect tablespace
[547464]	Nologging Option when creating indexes
[442763]	Avoid NOLOGGING during the index structure (Oracle)
[159779]	Problems with BITMAPINDEX under ORACLE in BW
[631668]	DEADLOCK when loading data into InfoCubes?
[634458]	ODS object: Activation fails - DEADLOCK
[84348]	Oracle deadlocks, ORA-00060
[750033]	INITRANS parameter for InfoCube? secondary indexes

Backup / Restore / Recovery

[442395]	Descriptions of specific BR messages
[17163]	BRARCHIVE/BRBACKUP messages and codes

Logística de Software (Sistema de Transporte, Add-Ons & Paquetes de Soporte)

Transportes

[11599]	Reversing transports
[456196]	'Couldn't locate TA information in .../co-files' error

Paquetes de Soporte

[97620]	OCS Info: Overview of Important OCS Notes
[447925]	OCS: Known problems with Supp. Packages in Basis Rel.6.20
[539867]	BW 3.1 Content: Information about Support Packages
[553527]	Support Packages for the PI_BASIS (Basis Plug-in)
[662441]	Solution Manager Support Packages: Known problems

Add-Ons

[555092]	Installation/upgrade Basis plug-in (PI_BASIS) 2002.2

Administración General del Sistema

Afinación

Procesos de Trabajo

[39412]	How many work processes to configure
[21960]	Several instances/systems on one UNIX computer
[9942]	Max. number of work processes is 40 due to events
[33873]	What do the semaphores mean?

Administración de Memoria

[37537]	Performance increase by shared memory pools.
[78498]	High paging rate on AIX servers, in part. database servers .
[95454]	A lot of extended memory on AIX (32-bit)
[88416]	Zero administration memory management from 4.0A/NT
[110172]	NT: Transactions with large storage requirements
[33576]	Memory Management (as of Release 3.0C, Unix and NT)
[103747]	Performance: Parameter recommendations for Rel. 4.0 and high
[386605]	SAP memory management for Linux
[649327]	Analysis of memory consumption
[548845]	Internal sessions over 2GB
[425207]	SAP memory management, current parameter ranges

Buffering

[504875]	Buffering number ranges
[678501]	System stoppage, locks on table NRIV

Elementos Esenciales de Seguridad de SAP

[572905]	Unbuffered number ranges

Procesamiento de Fondo

[16083]	Standard jobs, reorganization jobs

Red

[500235]	Network Diagnosis with NIPING

Web Dispatcher

[538405]	Composite SAP note about SAP Web Dispatcher
[561885]	Generation of URLs (SAP Web Dispatcher/Reverse? Proxy)

SAPOSCOL

[548699]	FAQ: OS collector SAPOSCOL

SAP Servicios Remotos

Conexión al Servicio

[91488]	SAP Support Services: Central preparation note
[144864]	SAP Remote Services: Technical preparation
[69455]	Servicetools for Applications ST-A/PI (ST14 & RTCCTOOL)
[207223]	Activating the SAP EarlyWatch? Alert
[160777]	SAP GoingLive/EarlyWatch? Check for a BW System
[309711]	SAP Servicetools Update: Online help
[216952]	Service Data Control Center (SDCC) - FAQ
[539977]	Release Strategy for Solution Tools Plug-In
[597673]	Installation/Upgrade? Solution Tools Plug-In 003C (ST-PI)
[560475]	Frequent questions on the Solution Tool Plug-In
[116095]	Solution Tools Plug-In

SAPGUI

SAPGUI para Windows

Via Citrix / Terminal Server

[200694]	Notes on Sapgui for use via terminal server
[431163]	Troubleshooting Citrix Metaframe Issues
[138869]	SAP GUI on Windows Terminal Server (WTS)

General

[66971]	Supported front end platforms
[26417]	SAPGUI Resources: Hardware and software
[166130]	SAP frontend: Delivery and compatibility
[147519]	Maintenance strategy / deadlines 'SAPGUI'
[203924]	Performance 4.6 - collective note
[203617]	High memory consumption with Easy Access menu

Códigos de Transacción SAP más usuales

Procesos de Fondo

RZ01	Job Scheduling Monitor
SM36	Schedule Background Job
SM36WIZ	Job definition wizard
SM37	Overview of job selection
SM37B	Simple version of job selection
SM37BAK	Old SM37 backup
SM37C	Flexible version of job selection
SM39	Job Analysis
SM65	Background Processing Analysis Tool
SMX	Display Own Jobs
RZ15	Read XMI log
SM61	Backgroup control objects monitor
SM61B	New control object management

Monitoreo del Sistema

SM50	Work Process Overview
SM51	List of SAP Systems
SM66	System wide Work Process Overview
STDA	Debugger display/control (server)
SMMS	Message Server Monitor
RZ02	Network Graphics for SAP Instances
RZ03	Presentation, Control SAP Instances
RZ04	Maintain SAP Instances
RZ06	Alerts Thresholds Maintenance
RZ08	SAP Alert Monitor
SM35	Batch Input Monitoring
RZ20	CCMS Monitoring
RZ21	CCMS Monitoring Arch. Customizing
RZ23	Performance database monitor
RZ23N	Central Performance History
RZ25	Start Tools for a TID
RZ26	Start Methods for an Alert
RZ27	Start RZ20 for a Monitor
RZ27_SECURITY	MiniApp? CCMS Alerts Security
RZ28	Start Alert Viewer for Monitor
ST22	ABAP dump analysis
ST22OLD	Old Dump Analysis

Analisis de Rendimiento

STAD	Statistics display for all systems
STAT	Local Transaction Statistics
STATTRACE	Global Statistics & Traces
STUN	Menu Performance Monitor
STO2	Setups/Tune? Buffers
STO3	Performance, SAP Statistics, Workload
STO3G	Global Workload Statistics
STO3N	R/3 Workload and Perf. Statistics
STO4	DB Performance Monitor
STO4N	Database Performance Monitor
STP4	Select DB activities
STO4RFC	MS SQL Server Remote Monitor tools
STO5	Performance trace
STO6	Operating System Monitor
STO7	Application monitor
ST10	Table Call Statistics

Administración General del sistema

SM21	Online System Log Analysis
SM01	Lock Transactions
SM02	System Messages
SM04	User List
SM12	Display and Delete Locks
SM13	Administrate Update Records
SM13T	Administrate Update Records
SM14	Update Program Administration

Configuración del Sistema

RZ10	Maintain Profile Parameters
RZ11	Profile Parameter Maintenance
RZ12	Maintain RFC Server Group Assignment

Seguridad

SM18	Reorganize Security Audit Log
SM19	Security Audit Configuration
SM20	Security Audit Log Assessment
SM20N	Analysis of Security Audit Log
SA38PARAMETER	Schedule PFCG_TIME_DEPENDENCY

Comunicaciones extermas

SMGW	Gateway Monitor
SM54	TXCOM Maintenance
SM55	THOST Maintenance
SM59	RFC Destinations (Display/Maintain)
SM59_OLD	Transaction SM59 old (<5.0)

SMQ1	qRFC Monitor (Outbound Queue)
SMQ2	qRFC Monitor (Inbound Queue)
SMQ3	qRFC Monitor (Saved E-Queue)
SMQA	tRFC/qRFC: Confirm. status & data
SMQE	qRFC Administration
SMQG	Distributed QOUT Tables
SMQR	Registration of Inbound Queues
SMQS	Registration of Destinations
SMT1	Trusted Systems (Display <-> Maint.)
SMT2	Trusting systems (Display <->Maint.)
SARFC	Server Resources for Asynchron. RFC
SM58	Asynchronous RFC Error Log

Conectividad a Internet

SMICM	ICM Monitor
SMICM_SOS	ICM Monitor
SICF	HTTP Service Hierarchy Maintenance

Spool & Impresión

SP00	Spool and related areas
SP01	Output Controller
SP01O	Spool Controller
SP02	Display Spool Requests
SP02O	Display Output Requests
SP03	Spool: Load Formats
SP11	TemSe? directory
SP12	TemSe? Administration
SP1T	Output Control (Test)
SPAD	Spool Administration
SPCC	Spool consistency check

Herramieta CATT Test

ST30	Global Perf. Analysis: Execute
ST33	Glob. Perf. Analysis: Display Data
ST34	Glob. Perf. Analysis: Log IDs
ST35	Glob. Perf. Analysis: Assign CATTs
ST36	Glob. Perf. Analysis: Delete Data
ST37	Glob. Perf. Analysis: Eval. Schema
STW1	Test Workbench: Test catalog
STW2	Test workbench: Test plan
STW3	Test Workbench: Test Package

STW4	Test Workbench: Edit test package
STW5	C maintenance table TTPLA
STWBM	Test Workbench Manager
STWB_1	Test Catalog Management
STWB_2	Test Plan Management
STWB_INFO	Test Workbench Infosystem
STWB_SET	Central Test Workbench settings
STWB_TC	Test Case Management
STWB_WORK	Tester Worklist

Sistema de Transportes

SE01	Transport Organizer (Extended)
SE03	Transport Organizer Tools
SE06	Set Up Transport Organizer
SE07	CTS Status Display
SE09	Transport Organizer
SE10	Transport Organizer
SEPA	EPS Server: Administration
SEPS	SAP Electronic Parcel Service
STMS	Transport Management System
STMS_ALERT	TMS Alert Monitor
STMS_DOM	TMS System Overview
STMS_FSYS	Maintain TMS system lists
STMS_IMPORT	TMS Import Queue
STMS_INBOX	TMS Worklist
STMS_MONI	TMS Import Monitor
STMS_PATH	TMS Transport Routes
STMS_QA	TMS Quality Assurance
STMS_QUEUES	TMS Import Overview

STMS_TCRI	Display/Maintain Table TMSTCRI
STMS_TRACK	TMS Import Tracking

Add-ons & Paquetes de Soporte

SAINT	Add-On Installation Tool
SPAM	Support Package Manager

Desarrollos ABAP

SE11	ABAP Dictionary
SE11_OLD	ABAP/4 Dictionary Maintenance
SE12	ABAP/4 Dictionary Display
SE12_OLD	ABAP/4 Dictionary Display
SE13	Maintain Technical Settings (Tables)
SE14	Utilities for Dictionary Tables
SE15	ABAP/4 Repository Information System
SE21	Package Builder
SE24	Class Builder
SE29	Application Packets
SE30	ABAP Objects Runtime Analysis
SE32	ABAP Text Element Maintenance
SE32_OLD	ABAP Text Element Maintenance
SE32_WB99	ABAP Text Element Maintenance
SE33	Context Builder
SE35	ABAP/4 Dialog Modules
SE36	Logical Database Builder
SE37	ABAP Function Modules
SE38	ABAP Editor
SE38L	SE38 with RCIFIMAX
SE38M	Define Variant for RAPOKZFX

SE38N	SE38 with Default RDELALOG
SE41	Menu Painter
SE43	Maintain Area Menu
SE43N	Maintain Area Menu
SE51	Screen Painter
SE54	Generate table view
SE55	Internal table view maintenance call
SE56	internal call: display table view
SE57	internal delete table view call
STYLE_GUIDE	Style Guide Transaction

Archiving

ALINKVIEWER	ARCHIVELINKVIEWER
ALVIEWER	ArchiveLink? Viewer in the Web
RZPT	Residence Time Maintenance Tool
ALO1	Determine ASH/DOREX Relationships
SARA	Archive Administration
SARE	Archive Explorer
SAR_DA_STAT_ANALYSIS	Analysis of DA Statistics
SAR_OBJ_IND_CUS	Cross-Archiving-Obj. Customizing
SAR_SHOW_MONITOR	Data Archiving Monitor
SARI	Archive Information System
SARJ	Archive Retrieval Configurator

No clasificadas

ALo2	Database alert monitor
ALo3	Operating system alert monitor

AL04	Monitor call distribution
AL05	Monitor current workload
AL08	Users Logged On
AL11	Display SAP Directories
AL12	Display table buffer (Exp. session)
AL13	Display Shared Memory (Expert mode)
AL15	Customize SAPOSCOL destination
AL16	Local Alert Monitor for Operat.Syst.
AL17	Remote Alert Monitor f.Operat. Syst.
AL18	Local File System Monitor
AL19	Remote File System Monitor
ALM99	JBALMCTRL Control Tables
ALM_01	ALM: Assign CF Type to CF Indicator
ALM_02	ALM Sim. Type: Maintain Parameters
ALM_04	Create Planning Variant
ALM_ME_GENERAL	Smartsync Settings
ALM_ME_GETSYNC	Display Synchronization Status
ALM_ME_INVENTORY	Inventory Management Profile
ALM_ME_NOTIF	Notification Processing Profile
ALM_ME_ORDER	Order Processing Profile
ALM_ME_ORDER_STATUS	Change Mobile Status for Order
ALM_ME_SCENARIO	Mobile Asset Management Scenario
ALM_ME_USER	User-specific settings

ALRTCATDEF	Define Alert Category
RZ70	SLD Administration
RZAL_ALERT_PROXY	Alerts: IMC Data Proxy for Alerts
RZAL_MONITOR_PROXY	Alerts: IMC Data Proxy for Monitor
RZAL_MTE_DATA_PROXY	Alerts: IMC Data Proxy for MTEs
SA01	Number range maintenance: ADRNR
SA02	Academic Title (Bus. Addr. Services)
SA03	Titles (Business Address Services)
SA04	Name Prefixes (Bus. Addr. Services)
SA05	Name Suffix (Bus. Address Services)
SA06	Address or personal data source
SA07	Address Groups (Bus. Addr. Services)
SA08	Person Groups (Bus. Addr. Services)
SA09	Internat. versions address admin.
SA10	Address admin. communication type
SA11	Number range maintenance: ADRV
SA12	Number range maintenance: ADRVP
SA13	Name format rules
SA14	Pager Services (Bus. Addr. Services)
SA15	Address screen variants
SA15V	Version-Specific Address Templates
SA16	Transport zones

Elementos Esenciales de Seguridad de SAP

SA17	Duplicate check index pools
SA18	Titles (Business Address Services)
SA19	Titles (Business Address Services)
SA20	Conversion of Street Sections
SA21	Customizing Regional Structure (BAS)
SA22	Deactivate Specific Corrections
SA23	Reg. Structure for Address Versions
SA38	ABAP Reporting
SA39	SA38 for Parameter Transaction
SABPWPFD	Correct Write Protection Violations
SABPWPFDGUI	Write Protection Violation Analysis
SABRE_PNR	Display a Sabre PNR
SAD0	Address Management call
SADC	Address: Maint. communication types
SADJ	Customizing Transfer Assistant
SADP	Contact person addr.maint. init.scr.
SADQ	Private address maint. initial scrn
SADR	Address maint. - Group required!
SADV	International address versions
SAKB0	AKB Configuration
SAKB4	Create Usage Explanations
SAKB5	Check Table Enhancements
SALE	Display ALE Customizing
SALE_CUA	Display ALE Customizing for CUA
SALRT01	Maintain RFC Dest. for Alert Server
SALRT02	Maintain Events for Alert Framework
SALRT1	Maintain RFC Dest. for Alert Server
SAMT	ABAP Program Set Processing

SAPTERM	SAPterm: SAP Dictionary
SARP	Reporting (Tree Structure): Execute
SARPN	Display Report Trees
SART	Display Report Tree
SARTN	Display Report Trees
SASAP01	Implementation Assistant: Display
SASAP02	Implementation Assistant: Scope
SASAPBCS	Call Up BC Sets
SASAPCATT	Call Up CATT
SASAPFLAVOR	Maintain Flavor
SASAPIA	Implementation Assistant: Change
SASAPIAC	Implementation Assistant
SASAPIG	Install.Guide: Authoring Environment
SASAPIGP	Installation Guide:Phase Maintenance
SASAPIMG	Call Up Project IMG
SASAPQADB	Q&&Adb Authoring Environment
SASAPRELS	Maintain Release
SASAPROAD_ROLE	Maintain Roles for ASAP Roadmap
SASAPROAD_SUBJECT	Maintain Subject for ASAP Roadmap
SASAPROLE	Maintain Roles for ASAP
SASAPSUBJECT	Maintain Subject for ASAP
SASAP_IA	ASAP Implementation Assistant
SM28	Installation Check
SM29	Model Transfer for Tables
SM30	Call View Maintenance
SM30_CUS_COUNT	Maintain Table CUS_COUNT
SM30_CUS_INDU	Maintain Table CUS_INDU

SM30_CUS_SYST	Maintain Table CUS_SYST
SM30_PRGN_CUST	Maintain Table SSM_CUST
SM30_SSM_CUST	Maintain Table SSM_CUST
SM30_SSM_EXT	External Node Type Data
SM30_SSM_RFC	Maintain Table SSM_RFC
SM30_SSM_VAR	Maintain Table SSM_VAR
SM30_SSM_VART	variable and text table transaction
SM30_STXSFREPL	Smart Styles: Replace Font
SM30_TVARV	Call SM30 for Table TVARV
SM30_VAL_AKH	Maintain Table VAL_AKH
SM30_VSNCSYSACL	Call Up SM30 for Table VSNCSYSACL
SM30_V_001_COS	Cost of sales accounting status
SM30_V_BRG	Call SM30 for View V_BRG
SM30_V_DDAT	Call SM30 for View V_DDAT
SM30_V_T585A	Call Up SM30 for Table V_T585A
SM30_V_T585B	Call SM30 for Table V_T585B
SM30_V_T585C	Call SM30 for Table V_T585C
SM30_V_T599R	Call Up SM30 for Table V_T599R
SM30_V_TKA05	Cost center categories
SM31	Call View Maintenance Like SM30
SM31_OLD	Old Table Maintenance
SM32	Maintain Table Parameter ID TAB
SM33	Display Table Parameter ID TAB
SM34	Viewcluster Maintenance Call
SM38	Queue Maintenance Transaction
SM49	Execute external OS commands
SM56	Number Range Buffer
SM580	Transaction for Drag & Relate

SM62	
SM63	Display/Maintain? Operating Mode Set
SM64	Trigger an Event
SM69	Maintain External OS Commands
SMAP01	Maintain Solution Map objects
SMARTFORMS	SAP Smart Forms
SMARTFORM_CODE	SAP Smart Forms: Target Coding
SMARTFORM_TRACE	SAP Smart Forms: Trace
SMARTSTYLES	SAP Smart Styles
SMCL	CSL: Monitor
SMEN	Session Manager Menu Tree Display
SMET	Display frequency of function calls
SMETDELBUFF	Del. Measurement data in shared bfr
SMETDELPROG	Delete programs in shared buffer
SMLG	Maint.Assign. Logon Grp to Instance
SMLT	Language Management
SMLT_EX	Language Export
SMME	Output control Message Block Table
SMOD	SAP Enhancement Management
SMOMO	Mobile Engine
SMTR_START_HISTORY	Call object history
SMW0	SAP Web Repository
SMY1	Maintenance of nodes for MyObjects?
SPACKAGE	Package Builder
SPAK	Package Builder

SPAR	Determine storage parameters
SPAT	Spool Administration (Test)
SPAU	Display Modified DE Objects
SPBM	Monitoring parallel background tasks
SPBT	Test: Parallel background tasks
SPDD	Display Modified DDIC Objects
SPEC01	Specification system: Edit template
SPEC02	Specification system: Edit datasheet
SPERS_DIALOG	Edit Personalization
SPERS_MAINT	Personalization object processing
SPERS_REUSE_DEMO	Personalization Test Transaction
SPERS_TEST	Test personalization objects
SPH1	Create and maintain telephony server
SPH2	Maintain outgoing number change
SPH3	Maintain incoming number change
SPH4	Activ./deactiv. telephony in system
SPH5	Define address data areas
SPH6	Language-dependent server descrip.
SPH7	Language-dep. addr. data area texts
SPHA	Telephony administration
SPHB	SAPphone: System Administration
SPHD	SAPphone: Own telephone number
SPHS	SAPphone: Interface for Telephone
SPHSREMOTE	Start Softphone remote
SPHT	SAPphone Test Environment
SPHW	Initiate Call in Web Applications
SPIA	PMI Administration
SPIC	Spool installation check

ST01	System Trace
ST11	Display Developer Traces
ST14	Application Analysis
ST20	Screen Trace
ST20LC	Layout Check
ST4A	Database: Shared cursor cache (ST04)
ST62	Create Industry Short Texts
STARTING_URLS	SMTR_NAVIGATION_SEND_MESSAGE
START_AGR_GENERATOR	Adjust all SAP roles
START_REPORT	Starts report
STAV_TABR	Settle - Status Management
STCTRL_COPY	Copy Table Control User Settings
STCUP	Table control variants upgrade
STDC	Debugger output/control
STDR	Object Directory Consistency Check
STDU	Debugger display/control (user)
STEMPLATE	Customizing templates
STEMPMERGE	Mix templates
STEP10	Export STEP Data
STEP20	Import STEP Data
STERM	SAPterm Terminology Maintenance
STERM_EXTERNAL	Transaction STERM: External Callup

STERM_KEYWORDS	Maintain Index Entries
STERM_REMOTE	Transaction STERM: RFC Callup
STFB	CATT function module test
STFO	Plan Service Connection
STI1	Change Documents Payment Details
STI2	Change Docs Correspondence
STI3	Chg. Docs Transaction Authoriz.
STKONTEXTTRACE	Switch On Context Trace
STMA	Proposal Pool Administration
STMP	Proposal Pool: Selection
STPD	Test Workbench
STRUST	Trust Manager
STRUSTSSO2	Trust Manager for Logon Ticket
STSEC	Maintain events deadline segment
STSEC_DLV	Maintain events deadline segment
STSEC_TRA	Maintain events deadline segment
STSN	Customizing Number Ranges Time Strm
STSSC	Maintain deadline procedures
STSSC_DLV	Maintain shipping deadline procedure
STSSC_TRA	Maintain transportation dline proc.

STSTC	Maintain times in time segment
STSTC_DLV	Maintain times in time segment
STSTC_TRA	Maintain times in time segment
STTO	Test Organization
STVARV	Selection variable maint. (TVARV)
STZAC	Maintain time zone act. in client
STZAD	Disp.time zone activat.in client
STZBC	Maintain time zones in Basis Cust.
STZBD	Display time zones (Basis Cust.)
STZCH	Time zones: Consistency checks
STZEC	Time zone mapping in ext. systems
STZED	Time zone mapping in ext. systems
STZGC	Time zones: Maintain geo.data
STZGD	Time zone cust.: Disp.geo.data
SE16	Data Browser
SE16N	General Table Display
SE16_ANEA	Data Browser ANEA
SE16_ANEK	Data Browser ANEK
SE16_ANEP	Data Browser ANEP
SE16_ANLA	Data Browser ANLA

SE16_ANLC	Data Browser ANLC
SE16_ANLP	Data Browser ANLP
SE16_ANLZ	Data Browser ANLZ
SE16_BKPF	Data Browser BKPF
SE16_BSEG	Data Browser BSEG
SE16_BSID	Data Browser BSID
SE16_BSIK	Data Browser BSIK
SE16_BSIS	Data Browser BSIS
SE16_ECMCA	Data Browser Journal Entries
SE16_ECMCT	Data Browser Totals Records
SE16_KNA1	Data Browser KNA1
SE16_KNB1	Data Browser KNB1
SE16_LFA1	Data Browser LFA1
SE16_LFB1	Data Browser LFB1
SE16_MARA	Data Browser MARA
SE16_MARC	Data Browser MARC
SE16_RFCDESSECU	Data Browser RFCDESSECU
SE16_SKA1	Data Browser SKA1
SE16_SKB1	Data Browser SKB1
SE16_T000	Data Browser T000
SE16_T807R	Data Browser T807R
SE16_TCJ_CHECK_STACK	Data Browser TCJ_CHECK_STACKS
SE16_TCJ_CPD	Data Browser TCJ_CPD
SE16_TCJ_C_JOURNALS	Data Browser TCJ_C_JOURNALS
SE16_TCJ_DOCUMENTS	Data Browser TCJ_DOCUMENTS
SE16_TCJ_POSITIONS	Data Browser TCJ_POSITIONS

SE16_TCJ_WTAX_ITEMS	Data Browser TCJ_WTAX_ITEMS
SE16_TXCOMSECU	Data Browser TXCOMSECU
SE16_USR40	Data Browser USR40
SE16_USRACL	Data Browser USRACL
SE16_USRACLEXT	Data Browser USRACLEXT
SE16_V_T599R	Data Browser V_T599R
SE16_W3TREES	Data Browser W3TREES
SE16_WWWFUNC	Data Browser WWWFUNC
SE16_WWWREPS	Data Browser WWWREPS
SE17	General Table Display
SE18	Business Add-Ins: Definitions
SE18_OLD	Business Add-Ins: Definitions (Old)
SE19	Business Add-Ins: Implementations
SE19_OLD	Business Add-Ins: Implementations
SE38P	Delete ALE Change Pointers
SE38Q	Init. Data Transfer In Transit Qty
SE39	Splitscreen Editor: (New)
SE39O	Splitscreen Editor: Program Compare
SE40	MP: Standards Maint. and Translation
SE61	R/3 Documentation
SE61D	Display of SAPScript Text
SE62	Industry Utilities
SE63	Translation: Initial Screen
SE63_OTR	Translation - OTR

SE64	Terminology
SE71	SAPscript form
SE72	SAPscript Styles
SE73	SAPscript Font Maintenance
SE74	SAPscript format conversion
SE75	SAPscript Settings
SE75TTDTGC	SAPscript: Change standard symbols
SE75TTDTGD	SAPscript: Display standard symbols
SE76	SAPscript: Form Translation
SE77	SAPscript Styles Translation
SE78	Administration of Form Graphics
SE80	Object Navigator
SE81	Application Hierarchy
SE82	Application Hierarchy
SE83	Reuse Library
SE83_START	Start Reuse Library
SE84	R/3 Repository Information System
SE85	ABAP/4 Repository Information System
SE89	Maintain Trees in Information System
SE8I	Lists in Repository Infosystem
SE90	Process Model Information System
SE91	Message Maintenance
SE92	New SysLog? Msg Maintenance as of 46A

SE92N	Maintain System Log Messages
SE93	Maintain Transaction Codes
SE94	Customer enhancement simulation
SE95	Modification Browser
SE95_UTIL	Modification Browser Utilities
SE97	Maintain transaction call authorization
SEARCH_SAP_MENU	Find in SAP Menu
SEARCH_USER_MENU	Find in User Menu
SECATT	Extended Computer Aided Test Tool
SECOCO	Control Composer
SECR	Audit Information System
SECSTO	Administration of Secure Memory
SELVIEW	Selection view maintenance
SEM_BEX	Business Explorer Analyzer
SEM_NAV	Business Explorer Navigator
SENG	Administration of External Indexes
SENGEXPLORER	Explorer Index Administration
SEO_PATTERN_GENE RATE	Update Pattern
SERP	Reporting: Change Tree Structure
SESS	Session Manager Menu Tree Display
SESSION_MANAGER	Session Manager Menu Tree Display

Elementos Esenciales de Seguridad de SAP

SESS_START_OBJECT	Start an Object
SEU_DEPTYPE	Maintain dependency types
SEU_INT	Object Navigator

Indice

Por favor visite www.sapcookbook.com para leer mas acerca de otros libros en nuestras series de Entrevistas, Preguntas, Respuestas y Explicaciones SAP:

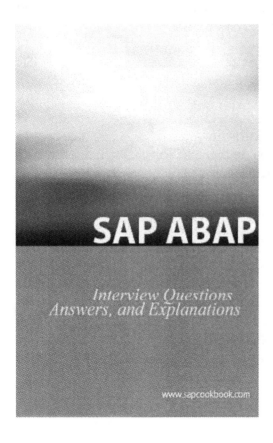

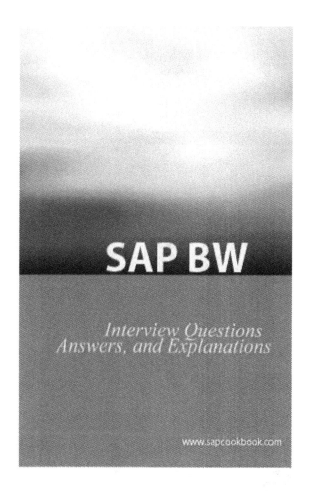

www.ingramcontent.com/pod-product-compliance
Lightning Source LLC
LaVergne TN
LVHW042337060326
832902LV00006B/218